张弘 编

力行的量量 行走

——曲阜研学手册

山东教育出版社

图书在版编目（CIP）数据

行走的力量：曲阜研学手册 / 张弘编. —济南：
山东教育出版社，2019.10
ISBN 978 - 7 - 5701 - 0807 - 7

Ⅰ．①行… Ⅱ．①张… Ⅲ．①素质教育 - 中小学 -
教学参考资料 Ⅳ．①G631

中国版本图书馆CIP数据核字（2019）第218756号

XINGZOU DE LILIANG——QUFU YANXUE SHOUCE

行走的力量——曲阜研学手册

张弘 编

主管单位：山东出版传媒股份有限公司
出版发行：山东教育出版社
　　　　　地址：济南市纬一路321号　邮编：250001
　　　　　电话：（0531）82092660　网址：www.sjs.com.cn
印　　刷：济南龙玺印刷有限公司
版　　次：2019年10月第1版
印　　次：2019年10月第1次印刷
开　　本：720毫米×1020毫米　1/16
印　　张：2
字　　数：30千
印　　数：1－20000
定　　价：8.00元

（如印装质量有问题，请与印刷厂联系调换）电话：0531－86027518

我的小档案

学　　校＿＿＿＿＿＿＿＿＿

＿＿＿＿＿年级＿＿＿＿＿班

姓　　名＿＿＿＿＿＿＿＿＿

联系方式＿＿＿＿＿＿＿＿＿

卷首语

古人云："读万卷书，行万里路。"新一季研学开始了，你准备好了吗？

走进孔孟之乡，游圣城，拜先师，感受先贤文化；

走进礼仪之邦，习六艺，学礼仪，领略圣地之光。

让我们一起开始这趟美妙的君子之旅吧！

目录

安全知识及应急措施

（一）人身安全

1. 任何时间，未经带队老师许可，不得擅自离队活动。

2. 牢记集合的时间和地点，并在规定时间内到达。

3. 参观时要注意脚下，不乱跑乱跳，不与同伴打闹。

4. 按照行程安排统一就餐，未经老师许可，不得擅自购买食品和饮料。

5. 不擅自离开团队。若走失，请电话联系带队老师；若发现同伴离队，立即向带队老师汇报。

（二）财产安全

1. 妥善保管随身行李物品，防止财物丢失。

2. 行李物品过安检时，要注意清点行李数量。

3. 随时检查行李物品是否收拾整齐。

（三）住宿安全

1. 领队老师分发房卡后，记住自己的房号及室友的联系电话，保存好房卡，防止丢失。

2. 记住领队老师和辅导员的房号和电话。

3. 休息前务必落实集合的准确时间和地点。

4. 老师查房后，禁止串门，不得影响他人休息。

5. 按老师的分配入住房间，不得随意调换。

6.按规定时间就寝，熄灯后不打扰同伴。

7.定好闹钟，按规定时间起床，保证按时出行。

8.退房时，检查好自己的随身物品，防止遗漏。

（四）应急措施

火灾

1.一旦起火，不要惊慌失措。若火势不大，应迅速报告老师，同时利用现有灭火器材，采取有效措施控制和扑救。若火势较大，应迅速从消防通道逃生，并拨打火警电话119。

2.在浓烟中逃生，要尽量放低身体，并用湿毛巾捂住嘴鼻。

3.如果身上着火，千万不要奔跑，要就地打滚，压灭身上的火苗。

4.救火时不要贸然开窗，以免空气对流加速火势蔓延。

5.不要留恋财物，要尽快逃出火场，若已经逃出火场，千万不要再返回。

溺水

1.严禁私自下水游泳。

2.乘船时必须坐好，不要在船上乱跑乱跳。

3.一旦遇到特殊情况，保持镇静，听从船上工作人员的指挥，不擅自跳水。

4.如遇到有人溺水，不要贸然下水营救，应赶紧求助老师或工作人员。

5.如果不慎掉入水中，应大声呼救。

6.随身物品掉入水中不要着急去捞，而应寻求专业人员的帮助。

踩踏事件

1. 楼梯通道内，上下楼梯都应保持举止文明，人多的时候不拥挤、不打闹、不起哄。

2. 在拥挤的人群中，尽量走在人流的边缘。

3. 发觉拥挤的人群向自己行走的方向来时，应立即避到一旁，不要慌乱，避免摔倒。

4. 应顺着人流走，切不可逆着人流走，否则容易被人流推倒。

5. 在拥挤的人群中要时刻保持警惕。当发现自己前面有人摔倒了，要马上停下脚步，同时大声呼救，告诉后面的人不要靠近。

研学旅行时要遵守当地法律法规和社会风俗，与当地民众和谐共处。在欣赏文物的同时，要注意爱护文物，做文物安全工作的宣传员。

行前物品准备

物品名称	是否带齐	物品名称	是否带齐
身份证/户口本		洗漱用品	
学生证		毛巾	
手机		梳子	
相机		纸巾	
背包		湿巾	
充电宝		拖鞋	
充电线		运动鞋	
钱包		帽子	
中性笔		收纳袋	
研学手册		雨具	
水杯		防晒衣	
换洗衣物		防晒霜	
常备药品		防蚊液	

重要信息

1. 研学负责人联系方式

职务	姓名	联系方式
带队老师		
指导老师		
辅导员		
司机		
队医		
紧急联系人		

2. 小组成员及联系方式

姓名	联系方式

3. 相关医院信息

地点	医院名称	医院地址	联系电话

4. 相关派出所信息

地点	派出所名称	派出所地址	联系电话

▍孔子

　　孔子（公元前551年—公元前479年），名丘，字仲尼，春秋末期鲁国（今山东曲阜）人。中国古代思想家、教育家，儒家学派创始人。孔子开创了私人讲学之风，倡导仁、义、礼、智、信。有弟子三千，其中贤人七十二。他曾带领部分弟子周游列国十三年，晚年修订《诗》《书》《礼》《乐》《易》《春秋》六经。孔子去世后，其弟子及再传弟子把孔子及其弟子的言行语录和思想记录下来，整理编成《论语》。该书被奉为儒家经典。

孔庙

曲阜孔庙，又称"阙里至圣庙"，位于曲阜市中心鼓楼西侧300米处，是祭祀孔子的祠庙。始建于鲁哀公十七年（公元前478年），历代增修扩建。

曲阜孔庙以孔子故居为庙，岁时奉祀。西汉以来历代帝王不断给孔子加封谥号，孔庙的规模也越来越大，成为全国规模最大的孔庙。现存的建筑群绝大部分是明、清两代完成的，占地327亩，前后九进院落。庙内有殿堂、坛阁和门坊等464间。四周围以红墙，四角配以角楼，是仿北京故宫样式修建的。与相邻的孔府、城北的孔林合称"三孔"。

▎孔府

孔府，又称衍圣公府，曲阜城内、孔庙东侧，是孔子的世袭衍圣公的后代居住的府第。洪武十年（1377年）始建，弘治十六年（1503年）重修，占地240亩，共有厅、堂、楼、房463间。九进庭院，三路布局：东路即东学，建一贯堂、慕恩堂、孔氏家庙及作坊等；西路即西学，有红萼轩、忠恕堂、安怀堂及花厅等；孔府的主体部分在中路，前为官衙，有三堂六厅，后为内宅，有前上房、前后堂楼、配楼、后六间等，最后为花园。

孔府仿照封建王朝的六部而设六厅，在二门以内两侧，分别为管勾厅、百户厅、典籍厅、司乐厅、知印厅、掌书厅，公共管理孔府事务。

▎孔林

　　孔林，本称至圣林，位于曲阜城北1.5千米处，是孔子及其后裔的家族墓地，是世界上延续时间最长的家族墓地，是中国规模最大，持续年代最长、保存最完整的人造林和宗族墓群。

　　孔林最早墓地不过一顷，2400多年来孔子后裔及孔氏族人多埋葬于此，历代帝王又不断赐给祭田、墓田，面积不断扩大，至清雍正八年（1730年）大兴土木，历时三年，建成这座有古树30000余株，占地达3000多亩规模宏大的人造林。其垣墙周长7千米，墙高3.4米，厚约5米。孔林内洙水东向西流，水上有洙水桥石坊，桥后享殿五间。最后为东周墓地，绕以红墙，孔子墓位中部，墓东为其子孔鲤墓，南为其孙孔伋墓，这种格局称为"携子抱孙"。另有楷亭、驻跸亭、子贡庐墓处等建筑。

三省吾身

孔子的学生曾子勤奋好学，深得孔子的喜爱。同学问他为什么进步那么快，曾子说："我每天多次反省自己，为别人办事是不是尽心竭力了呢？同朋友交往是不是做到诚实可信了呢？老师传授给我的学业是不是复习了呢？"

后生可畏

孔子说："年轻人是值得敬畏的，怎么就知道后一代不如前一代呢？如果到了四五十岁还默默无闻，那他就没有什么可以敬畏的了。"

不耻下问

子贡问道："为什么给孔文子（卫国大夫孔圉）一个'文'的谥号呢？"孔子说："他聪敏勤勉而好学，不以向地位卑下的人请教为耻，所以给他谥号叫'文'。"

《论语》经典

子曰："学而时习之，不亦说乎？有朋自远方来，不亦乐乎？人不知而不愠，不亦君子乎？"

子曰："温故而知新，可以为师矣。"

子曰："学而不思则罔，思而不学则殆。"

你还知道哪些《论语》名句？快来写一写吧。

孔子家语

《孔子家语》又名《孔氏家语》，或简称《家语》，儒家类著作。原书二十七卷，今本为十卷，共四十四篇，是一部记录孔子及孔门弟子思想言行的著作，也是研究儒家思想的重要资料。

2016年12月12日，习近平总书记在全国文明家庭表彰大会上指出："家风好，就能家道兴盛、和顺美满；家风差，难免殃及子孙、贻害社会。"他谈到，"广大家庭要弘扬优良家风，以千千万万家庭的好家风支撑起全社会的好风气"。中国历来重视家庭文明建设，通过家训、家规等教导后辈，潜移默化地传达社会规范。运用家训教诫家人在我国已有3000多年的历史，我国古代流传下来的家训可谓汗牛充栋。从先秦至今，兴家之训、和家之规，代代相传，成为引领中国社会向上的巨大力量。

◎同学们，你们家的家风是什么？你觉得它对你的人生有什么启示和影响呢？

孟子

孟子（约公元前372年—公元前289年），姬姓，孟氏，名轲，字子舆，战国时期邹国（今山东济宁邹城）人。战国时期著名哲学家、思想家、政治家、教育家，儒家学派的代表人物之一，地位仅次于孔子，与孔子并称"孔孟"。宣扬"仁政"，最早提出"民贵君轻"的思想。

韩愈《原道》将孟子列为先秦儒家继承孔子"道统"的人物，元朝追封孟子为"亚圣公·树宸"，尊称为"亚圣"。《孟子》一书，属语录体散文集，是孟子的言论汇编，由孟子的弟子共同编写完成，倡导"以仁为本"。

孟府

孟府，是孟子嫡系后裔居住的宅第，与同在邹城的孟庙、孟林合称"三孟"，位于山东省济宁市邹城市孟庙西侧，庙、府仅一街之隔。因元文宗至顺二年（1331年），孟轲被封为"邹国亚圣公"，孟府因此被称为亚圣府。

孟府始建年代不详，据推测是宋景祐四年（1037年），建孟庙的同时，建造了孟府。在宋宣和三年（1121年）第三次迁建孟庙于城南的同时，迁建孟府于孟庙之西侧。

孟府平面呈长方形，初建时规模较小，后经历代重修扩建，至清初时已形成前后七进院落，前部分为三个大院，后部分为左中右三路。以主体建筑"大堂"为界，前为官衙，中为内宅，后为花园。建筑格式为前堂后寝式，拥有楼、堂、阁、室共计148间。南北纵长226米，东西横宽99米，共占地约合65.3亩，总面积约合2.24万平方米。

孟庙

孟庙，又称亚圣庙，位于山东省济宁市邹城市亚圣府街44号，为历代祭祀战国思想家孟子之所。

孟庙呈长方形，五进院落，南北长458.5米，东西宽95米。占地4.36万平方米，折66亩。建筑群分东、中、西三路，其以亚圣殿为主体建筑，南北为一中轴线，左右作对称式排列。逐院前进，起伏参差，布局严谨，错落有致，建筑雄伟，院院不同，格局迥异，充分体现了我国劳动人民的创造才能和古建筑的特点，是国内宋元至明清时期的古建筑代表作品。

孟母三迁

孟母三迁，即孟轲（孟子）的母亲为选择良好的环境教育孩子，多次迁居。《三字经》里说："昔孟母，择邻处。"孟母三迁便出于此。

独善其身

战国时期，孟子劝宋勾践到别国去游说仁学。宋勾践向孟子请教如何游说。孟子说："尊崇儒道，乐于仁义。君子为人，穷困时不要失掉仁义，得志时不要失去理智，这样穷困时能独善其身，自得其乐，得志时能兼顾天下的利益。"

心悦诚服

战国时期，孟子到各地去游说他的仁道，有人说靠武力照样可以称霸，根本用不上讲仁道。孟子说："靠武力称霸必须要以国富民强为基础，是武力压服而非心悦诚服，而以仁道称霸，则可以让人心悦诚服，使国力强大。"

《孟子》经典

五十步笑百步。　　　　　——《孟子·梁惠王上》

老吾老，以及人之老；幼吾幼，以及人之幼。

　　　　　　　　　　——《孟子·梁惠王上》

祸福无不自己求之者。　　——《孟子·公孙丑上》

天时不如地利，地利不如人和。

　　　　　　　　　　——《孟子·公孙丑下》

写一写你还知道的《孟子》名句吧。

尼山

尼山原名尼丘山，孔子出生地，位于曲阜市城东南30千米，海拔340余米，山顶五峰连峙，唯中峰为尼丘。据《史记》记载：孔子父母"祷于尼丘而得孔子"，故孔子名丘，字仲尼，后人避孔子讳称为尼山，因而尼山名扬遐迩。这里，中峰东麓有孔子庙、邹县县令刻石碑和尼山书院等建筑物；另有五老峰、智源林、智源溪、坤灵洞、观川亭、中和壑、文德林、白云洞等所谓"尼山八景"。

孔子六艺城

曲阜孔子六艺城，位于曲阜市南新区春秋路15号，是以孔子一生崇尚和倡导的"礼、乐、射、御、书、数"六艺为引线，运用现代声、光、电等高科技技术手段，借助音乐、美术、建筑等表现形式建造的一座集知识性、娱乐性、参与性、历史性、趣味性及购物、美食、旅游、娱乐等多种功能于一体的大型文化旅游城。

▍拜师礼

古语有云："生我者父母，教我者师父。"中国人尊师重道，乃久远之传统，周代已有尊师之礼。春秋时期，礼崩乐坏，至圣孔子，忧心如焚，遂以"克己复礼"为精神旗帜，极力推崇礼仪，力主回归文、武、周公时的理想社会，主张用"礼"重建社会秩序。礼，既是孔子思想体系中的关键词汇，又是他的社会构想、伦理道德及教育观念间的强韧纽带。

拜师礼，是古代学子向师长虔诚致敬的规范礼仪，是尊师、敬师的崇高礼节，自兴起之时，就承载了厚重的师生情怀，并由此发展演变成一种学校的礼仪制度。

◎参加完拜师礼，谈谈你的感受。

加油吧，少年！

在纪念孔子诞辰2565周年国际学术研讨会开幕会上，习近平总书记说："优秀传统文化是一个国家、一个民族传承和发展的根本，如果丢掉了，就割断了精神命脉。我们要善于把弘扬优秀传统文化和发展现实文化有机统一起来，紧密结合起来，在继承中发展，在发展中继承。"希望同学们能努力学习，传承我国的传统文化，并为实现自己的梦想而努力奋斗！

◎作为一名中小学生，说一说你对传统文化传承的理解吧。

研学收获

· 我的研学日记 ·

· 我的研学日记 ·

· **我的研学日记** ·

我的打卡记录

研学评价

	评价要素	学生自评	家长评价	老师评价
研学前	1. 自己准备研学物品并进行检查。			
	2. 主动了解研学基地概况。			
	3. 主动了解行程路线，熟悉研学目的。			
	4. 主动了解天气情况。			
	5. 主动与家长沟通，积极参与研学活动。			
	6. 做好外出研学心理准备，以文明学生的标准要求自己。			
研学中	1. 遵守研学行程安排与规定。			
	2. 保护好人身与财产安全。			
	3. 健康饮食，及时补充水分。			
	4. 安全出行，遵守交通规则。			
	5. 与人友好相处，关心同学，尊重师长。			
	6. 相互配合，分工合作。			
研学后	1. 回顾总结本次研学的观后感。			
	2. 在导师指导下作出研学总结。			
	3. 展示本次研学成果并与小伙伴交流、讨论。			
	4. 研学激发的灵感、创意。			